Paulo Freire e o Design de Interação

Paulo Freire e o Design de Interação

INCENDIÁRIOS
Hugo Cristo Sant'Anna
Julio César Reis Alves

Volume 2, Número 2
Dezembro de 2017

ISBN 9781973193227

Foto da capa
Pico do Cabuji (Angicos, RN)
Morvan França

www.incendiarios.xyz
mail@incendiarios.xyz

Sobre o Incendiários

O Incendiários tem como objetivo manter diálogos permanentes com uma comunidade pequena e interessada nas intersecções entre design, economia, psicologia e política. Os textos são assumidamente parciais e opinativos, enviados exclusivamente para as pessoas que optaram por recebê-los ou adquiri-los nos sites e lojas que os distribuem.

O Incendiários é *anti-timeline*: as conversas poderão ter foco único por meses ou até anos, desde que os autores e leitores permaneçam interessados. O uso de uma tecnologia dita "arcaica" como e-mails e livros oferece chances de sobrevida às discussões, livre de algoritmos.

Se você tem dúvidas sobre o projeto ou deseja publicar um texto inédito ou de resposta a qualquer conteúdo listado no Incendiários, escreva para o editor.

O Incendiários é editado e mantido por Hugo Cristo, designer e professor do Curso de Design da Universidade Federal do Espírito Santo. É uma encarnação retrô do Firestarter[1], blog mantido pelo editor entre 2008 e 2014, e complementa alguns posts do Medium[2].

1   http://hugocristo.tumblr.com
2   http://medium.com/@hugocristo

Sumário

Introdução

Esta edição do Incendiários apresenta as reflexões que realizei a partir de textos sobre a obra do pensador pernambucano Paulo Freire (1921-1997) com o objetivo de elaborar a palestra "Limites e novas possibilidades da educação em Design de Interação considerando os conceitos de Paulo Freire", ministrada no Education Summit 2017[1], evento que antecedeu o Interaction South America 2017[2]. Minha relação com os dois temas é antiga, embora a oportunidade de propor aproximações explícitas seja inteiramente nova. Por isso, preciso agradecer à organização do Education Summit e ao amigo Ricardo Couto pela possibilidade e desafio de elaborar a apresentação e este pequeno livro, mesmo que como produto colateral.

O desafio deste número do Incendiários foi maior que a oportunidade, especialmente se considerarmos o atual momento brasileiro. A pedagogia de Paulo Freire vem sendo sistematicamente atacada por setores da sociedade que enxergam nela a "materialização do marxismo cultural"[3] e a responsabilizam pelo fracasso

---

1   Realizado no dia 8 de novembro em Florianópolis (SC): http://isa.ixda.org/edusummit17/

2   http://isa.ixda.org/2017/

3   http://tinyurl.com/inc-paulofreire-1

escolar do país frente aos índices internacionais. O título de patrono da educação brasileira, atribuído pela Lei nº12.612 de 13 de abril de 2012[4], foi questionado por meio de sugestão legislativa[5] que recebeu o apoio de mais de 20 mil assinaturas via Internet.

No centro do embate está o conceito de "doutrinação ideológica", segundo o qual a maioria das escolas e professores brasileiros, nos mais diversos níveis, teriam orientação à esquerda do espectro político, e influenciariam ("doutrinariam") os estudantes a aderirem aos mesmos valores, crenças e visões de mundo.

O Projeto de Lei (PL) nº 867/2015, que visa instituir o "Programa Escola Sem Partido"[6], consiste em uma lei "contra o abuso da liberdade de ensinar"[7], tornando obrigatória a afixação de cartazes em todas as escolas com seis pontos que lembrariam aos professores e às escolas os limites do que pode ou não ser feito com os estudantes em sala de aula: 1) proibição da promoção de interesses e concepções ideológicas religiosas, morais, políticas e partidárias do professor; 2) favorecimento ou prejuízo de estudantes em razão de convicções ou falta delas; 3) realização de propaganda político-partidária ou incitação de estudantes a participarem de manifestações; 4) apresentação equilibrada e diversa de diferentes pontos de vista no trato de questões políticas, socioculturais e econômicas; 5) respeito do professor ao direito dos pais para que eduquem os filhos segundo suas próprias convicções morais; 6) garantia de que o professor assegure que os direitos dos pontos

---

4   http://tinyurl.com/inc-paulofreire-lei
5   http://tinyurl.com/inc-paulofreire-2
6   http://tinyurl.com/inc-escolasempartido
7   https://www.programaescolasempartido.org/

anteriores não sejam violados pela ação de terceiros em sala de aula.

A conexão entre as críticas à pedagogia de Paulo Freire e iniciativas como o Programa Escola Sem Partido não são, à primeira vista, óbvias. Para que a responsabilidade sobre o "fracasso" escolar dos brasileiros seja satisfatoriamente imputada ao ideário freireano, os críticos propõem relações formais entre as bases epistemológicas do pensador (difusamente associadas à *esquerda*) e as consequências negativas daquelas bases no desempenho escolar do brasileiro médio nas últimas quatro ou cinco décadas. A construção do raciocínio diz-se "lógica": a) a educação brasileira é fundada no pensamento de Paulo Freire; b) Paulo Freire é um teórico de esquerda; c) a baixa qualidade do ensino, associada à doutrinação ideológica de esquerda nas escolas gerou décadas de alunos preguiçosos, avessos ao trabalho, ao capitalismo e incapazes de ajudar o país a produzir e avançar[8]; d) proibir o pensamento de Paulo Freire e qualquer outra forma de doutrinação ideológica (na prática, de esquerda) nas escolas resolverá o problema[9].

Por outro lado, os defensores do legado de Paulo Freire escolhem argumentos nas mesmas bases (igualmente difusos e ainda à esquerda) para indicar progressos na direção de uma educação solidária aos dilemas populares, colocando a avaliação do desempenho e os testes como preocupações típicas de sistemas opressores (difusamente ligados à *direita*), cujos objetivos estariam associados ao capitalismo à manutenção do *status*

---

8   O artigo de Alexandre Borges é um excelente exemplo desse tipo de lógica: http://tinyurl.com/inc-paulofreire-3

9   É curioso lembrar que Jean Piaget também é responsabilizado pela baixa qualidade da educação brasileira, como já discuti em http://tinyurl.com/inc-construtivismo.

quo. É outra lógica, não menos surpreendente: a) a escola é um dos aparelhos ideológicos de Estado[10]; b) o Estado serve à manutenção dos interesses das classes dominantes; c) as relações professor-aluno nas escolas reproduzem a opressão da luta de classes – verticalidade, alienação, dominação, manipulação e assim por diante; d) a educação libertadora (e revolucionária) seria pautada pelo diálogo horizontal educador-educando, necessariamente conectado à vida que existe além da escola[11], marcada por máximas como "[...] ninguém educa ninguém, como tampouco ninguém educa a si mesmo: os homens se educam em comunhão, mediatizados pelo mundo" (FREIRE, 2017, p. 96).

As posições são claramente incompatíveis. A pedagogia de alto desempenho, da preparação para o mercado de trabalho jamais será a escola revolucionária, o lugar do questionamento daquelas mesmas relações de trabalho. A pedagogia do desempenho, por meio da autoridade do professor, transfere, transporta ou deposita conhecimentos que serão úteis para a inserção futura do educando no sistema produtivo, na chamada "educação bancária". Na escola da libertação o educador também é educando, aprende enquanto ensina, devolvendo aos educandos aquilo que recebeu, de forma organizada, sistematizada e acrescida, para então problematizar *com* eles. Os conteúdos não são decididos pela agenda do educador (ou do mercado, do capital, das elites), mas pelas questões trazidas pelos educandos.

Há controvérsias conhecidas em torno de exames que avaliam universalmente o desempenho escolar[12],

10 Nos termos de Louis Althusser.

11 A Revista Galileu ouviu ambos os lados, discutindo os índices da educação brasileira na interação com a pedagogia de Paulo Freire: http://tinyurl.com/inc-paulofreire-galileu

12 http://tinyurl.com/inc-exame-pisa

mas a diferença entre as posições pró e contra Paulo Freire no momento atual do Brasil são de outra ordem. A disputa trata da visão de escola mais adequada ao país, que possa superar o "atraso", com todos desdobramentos implícitos: papéis esperados para o professor (autoridade ou mediador), estratégias de abordagem do conteúdo (transmissão ou problematização), objetivos do processo educacional (para a vida ou para o mercado, para a submissão ou revolução), o envolvimento da família (quem educa?) ...

Esta edição do Incendiários explora tais oposições no âmbito dos cursos superiores de Design, especificamente na formação em design de interação, investigando limites e possibilidades da aplicação dos conceitos de Paulo Freire. Pela primeira vez, escrevo em parceria com meu ex-orientando e atual pesquisador no Laboratório e Observatório de Ontologias Projetuais (Loop)[13], o designer Julio César Reis Alves, que vem se especializando nas intersecções entre o design de interação e a psicologia desde que se graduou (no jargão desta discussão, foi "doutrinado").

13 http://www.loop-ufes.org

Contextualizando a
pedagogia freireana

A presente discussão precisa começar, necessariamente, pela leitura contextualizada da obra de Paulo Freire. A popularidade e reputação do autor contribuem para a ocorrência de citações cristalizadas de seu pensamento, como se fossem proposições estáticas e imutáveis tanto em relação ao desenvolvimento natural do raciocínio de Freire, quanto em relação às mudanças nos contextos nos quais aquele raciocínio foi elaborado. A revisão realizada por Scocuglia (1999) identificou ao menos três Paulos Freires, cujas ideias e conceitos centrais teriam evoluído do fim dos anos 1950 até meados dos anos 1990.

O primeiro período analisado por Scocuglia tem início na defesa da tese de doutorado de Paulo Freire, *Educação e a Atualidade Brasileira*, de 1959, e se encerra com a publicação de *Educação como Prática da Liberdade* (FREIRE, 1967). Este livro é a versão revista e ampliada do texto da tese, publicado por Freire em 1970, durante o exílio no Chile. O período inclui a experiência de alfabetização em 40 horas de Angicos, no Rio Grande do Norte, que lançou o "Método Paulo Freire" à notoriedade e viabilizou sua adoção como parte dos esforços do Ministério da Educação do Governo João Goulart[1]. Em termos metodológicos, o próprio Paulo Freire (2014) relata que em sua tese já constavam as proposições que viriam a ser chamadas de "Método Paulo Freire", que depois foram aplicadas para serem comprovadas ou não. A abordagem de Freire e sua equipe não eram as únicas da época, havendo disputas desde a concepção de "cultura popular" que orientaria as ações, até o uso ou não de cartilhas no processo (FÁVERO, 2013).

Entretanto, perspectiva dessa época ainda era primordialmente *psicopedagógica*, pois não problematizava as contradições que teriam originado a situação de analfabetismo ou exclusão das pessoas participantes do programa. Cabe mencionar que a experiência de Angicos foi fortemente utilizada como parte de interesses políticos da época (BEISIEGEL, 2014), especialmente pelo potencial de ampliação da base de eleitores nas classes populares. Desde a Lei Saraiva[2], de 1881, os analfabetos estavam impedidos de votar. O desafio dos programas de erradicação do analfabetismo era duplamente justificável para os nacional-desenvolvimentistas: por um lado, haveria mais braços qualificados para o progresso e para a produção; por outro, a conscientização crítica e mais votos entre os mais pobres poderiam reequilibrar o jogo de forças no país em direção a uma sociedade mais aberta e democrática, superando "a situação dramática de que ele [o desafio] nasce e levar-nos pacificamente às soluções desejadas" (FREIRE, 1963, p. 9).

1   Este período é definido por Vanilda Paiva (1995) como "populismo católico", dadas as influências do progressismo cristão e do nacional-desenvolvimentismo observáveis na fundamentação do método de alfabetização de Freire e seus colaboradores.

2   Decreto nº 3.029, de 9 de janeiro de 1881: http://tinyurl. com/inc-leisaraiva.

Pedagogia do Oprimido (FREIRE, 2017) marca a transição para a segunda fase delimitada por Scocuglia (1999). Este livro, escrito no exílio, tem três partes e apresenta análises mais críticas sobre a condição dos mais pobres no país. Paulo Freire nitidamente se aproxima de autores marxistas e passa a discutir a educação como ato político, com potencial de desencadear transformações sociais que poderiam superar a condição de opressão daquelas pessoas. Nesse sentido, as propostas de Freire migram do nacional-desenvolvimentismo como projeto de nação para a análise crítica das contradições estruturais da sociedade brasileira. A possibilidade de desenvolvimento da nação, parte dos objetivos do método elaborado na fase anterior, é diretamente questionada pelo autor (FREIRE, 2017, p. 217). Uma nação dual, na qual opressores "invadem" a cultura dos oprimidos, tirando-lhes a criatividade e o poder de decisão sobre seu próprio destino, só poderia experimentar *transformações*, não *desenvolvimento*.

As concepções *ingênua* e *crítica* de *consciência* e de *educação*, de Álvaro Vieira Pinto (1960, 1993), permanecem fortes nos argumentos de Freire, apesar do número reduzido de citações explícitas ao longo do texto quando comparadas a *Educação como Prática da Liberdade* (FREIRE, 1967). A consciência crítica refere-se ao tempo e espaço em que se vive, sendo por essência histórica, e modo por meio do qual a concepção crítica da educação procede. A proposta de Vieira Pinto é útil a Freire em ambos os momentos. Na fase nacional-desenvolvimentista, a funcionalidade e utilidade da concepção crítica conduzem

> [...] à mudança da situação do homem e da realidade à qual pertence, em virtude de ser a única que é capaz de oferecer o conteúdo e o método mais eficaz para a

instrução (alfabetização, escola secundária, universidade) da criança e do adulto, tendo em conta aquelas finalidades (PINTO, 1993, p. 63).

A noção de "utilidade" para a educação não é força de expressão. Vieira Pinto sugere que haveria recompensas para a sociedade que investe na educação de seus membros, uma vez que a aplicação social dos saberes adquiridos seria revertida em benefício de todos. Com o avanço em direção aos autores marxistas em *Pedagogia do Oprimido*, Freire muda o enfoque da consciência crítica para a necessidade de reflexão dos oprimidos sobre a sua condição de existência, no processo temporal do homem que "é o que sabe" em direção à etapa mais alta na qual o "homem sabe o que é" (PINTO, 1993, p. 66): ganhar a consciência crítica da opressão (FREIRE, 2017, p. 52); o exercício da educação bancária prejudica o desenvolvimento da consciência crítica que resultaria na inserção dos educandos no mundo, como sujeitos (p. 83); ter consciência crítica de que é preciso ser proprietário do próprio trabalho (p. 251).

A oposição entre a educação bancária e educação libertadora, baseadas respectivamente nas teorias da ação antidialógica e teoria da ação dialógica, consiste na questão central de *Pedagogia do Oprimido* e certamente é o tema mais conhecido e reproduzido do livro. Rocha (2017) argumenta que o segundo capítulo da obra, que trata da educação bancária, seria supervalorizado pela maior parte dos leitores, enquanto o conteúdo do primeiro e terceiro capítulos ofereceriam contribuições importantes para a leitura menos anacrônica do texto. Considerada isoladamente, a formulação da educação bancária parece colocar em xeque diversos aspectos "estabelecidos" do processo educacional: os papéis do professor e do aluno, a função social da escola, a seleção e composição dos currículos e assim por diante.

Scocuglia (1999, p. 33) completa que, ainda na segunda fase da análise que realizou acerca da obra de Paulo Freire, encontramos outros textos escritos no exílio que ampliariam as reflexões críticas do pensador pernambucano sobre a condição dos oprimidos, dentre eles *Ação cultural para a liberdade e outros escritos*, de 1976, e *Cartas à Guiné Bissau*, que relata a experiência de alfabetização de adultos de Freire e a equipe do Instituto de Ação Cultural (Idac) no país africano entre 1975 e 1976.

Por fim, a terceira fase marca o retorno de Paulo Freire do exílio, em 1979, e a produção até o seu falecimento em 1997. Pode-se observar o interesse do pensador pela reorganização dos movimentos sociais em função da redemocratização gradual do país, em especial a ascensão do Partido dos Trabalhadores (PT). Freire foi Secretário da Educação da Prefeitura de São Paulo na gestão Luiza Erundina, entre 1989 e 1991. Na edição anterior do Incendiários (SANT'ANNA, 2017), abordei brevemente a participação de Paulo Freire no movimento de luta pela Universidade do Trabalhador na Zona Leste de São Paulo. Nesse período, o autor publicou livros em parceria com outros pensadores que revisitaram, rediscutiram e atualizaram as propostas das décadas anteriores. Dentre eles, *Pedagogia da Autonomia* (FREIRE, 1996) debruça-se sobre a importância do ato de ensinar, sanando (ao menos em parte) a confusão gerada pelas afirmações de que "ninguém ensina ninguém", que mencionamos na introdução[3].

Antes de prosseguirmos à discussão dos temas da

---

3   Este tema será retomado no capítulo 3 – A relação educador-educando

educação bancária e da relação educador-educando, faz-se necessário abordar resumidamente o "Método Paulo Freire", suas técnicas, instrumentos e estratégias. Este método é a base da crítica elaborada e aprimorada nas décadas seguintes, ainda que, como já foi dito, a proposta original não considerava a dimensão política do processo educativo. Sendo assim, a análise que se segue tem como primeiro foco os aspectos psicopedagógicos do "Método" – como de fato as estratégias dos educadores envolvidos resultaram ou não na alfabetização dos educandos participantes do programa. O segundo foco desta análise busca esclarecer a origem das críticas posteriores de Paulo Freire quanto a práticas específicas identificadas com a educação bancária – o *testemunho*, por parte do professor, que "narra" os conteúdos, e a consequente *memorização* deles pelo aluno (ROCHA, 2017, p. 71).

Em linhas gerais, o "Método" consiste na formação dos Círculos de Cultura. Essa proposta, definida por Freire (1963, p. 14) como um método ativo, dialogal, crítico e criticizador, repensa os principais elementos constituintes do processo educacional da época ao substituir a escola noturna de alfabetização de adultos: o *coordenador de debates* substitui o professor, o *participante do grupo* substitui o aluno, a aula é substituída pelo *diálogo*, os programas por *situações existenciais*. O processo[4] adota o debate sobre o "conceito

4   Na leitura que faço do método, trata-se de uma proposta essencialmente cognitivista, não muito distante dos percursos cognitivos descritos por Lev Vigotski, Jean Piaget ou Jerome Bruner: algumas operações partem daquilo que é concreto para o indivíduo (o tijolo, o barraco) em direção a conceitos mais abstratos (o mecanismo de combinação fonética em si e a relação estrutural entre as famílias de fonemas).

antropológico de cultura"[5] no cotidiano dos educandos como estratégia para alfabetizá-los. Os coordenadores selecionam um vocabulário que tenha aderência ao mundo dos participantes do Círculo, que será utilizado na apresentação gradual do mecanismo de combinação fonêmica. A escolha dos vocábulos priorizava aqueles com três sílabas, maior proximidade à realidade (local, regional, nacional) dos educandos e potencial combinatório. Estes são as *palavras geradoras*, conceito importantíssimo na pedagogia freireana. Segundo relatos sobre o "Método", não seriam necessárias mais do que dez palavras geradoras, desde que tivessem energia suficiente para promover os debates e riqueza fonêmica.

No desenrolar dos encontros do Círculo, os coordenadores apresentavam inicialmente imagens aos participantes que conferiam visualidade ao tema das palavras geradoras, para em seguida apresentá-las pareadas às respectivas representações textuais (Figuras 1 e 2). Somente após o reconhecimento da codificação gráfica da imagem nos termos das letras que compõem a palavra, os coordenadores avançavam para a decomposição dela em sílabas (Figura 3) e passavam a explorar o funcionamento do mecanismo de composição dos fonemas, abordando as vogais e possibilidades de geração de novas palavras. Alguns exemplares das *fichas de cultura*, como ficaram conhecidos os slides produzidos na época, foram preservados e nos ajudam a compreender a dinâmica do processo (FÁVERO, 2012). Por meio das fichas, pode-se deduzir o teor dos debates sobre o

5   Freire (1963, p. 15) define cultura como o "[...] papel ativo do homem em sua e com sua realidade. O sentido de mediação que tem a natureza para as relações e comunicações dos homens. A cultura como acrescentamento que o homem faz ao mundo que ele não fez. A cultura como o resultado de seu trabalho. De seu esforço criador e recriador."

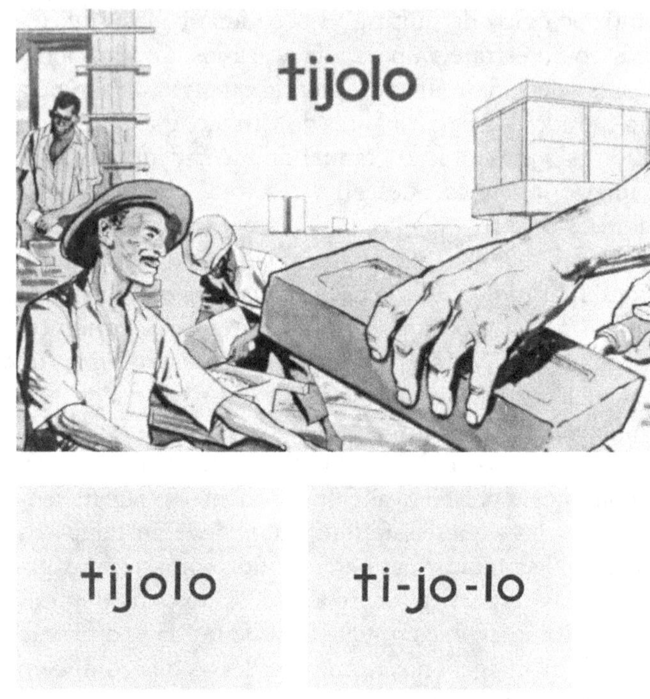

FIGURAS 1, 2 E 3 · Reprodução das fichas de cultura para a palavra geradora "Tijolo", planejadas para o Círculo de Cultura de Brasília.

"conceito antropológico de cultura" e o encadeamento do processo que parte da imagem em direção à decomposição silábica.

Os participantes eram incentivados a explorar possibilidades de combinação fonética em casa e as palavras criadas eram validadas pelo grupo nos debates seguintes. Freire cita a aplicação com sucesso de "testes de medição da funcionalidade do aprendizado", que avaliavam tanto o uso dos mecanismos de combinação quanto a conscientização crítica dos participantes, evidenciando os objetivos terminais duplos do "Método":

Testes sobre uso de açúcar ou veneno na laranjada. Sobre linhas de ônibus. Sobre reconhecimento de repartições públicas, etc. (FREIRE, 1963, p. 19)

Trezentos homens eram alfabetizados em Angicos em menos de 40 horas. Não só alfabetizados. 300 homens se conscientizavam e se alfabetizavam em Angicos. Trezentos homens aprendiam a ler e a escrever, e discutiam problemas brasileiros. (FREIRE, 1963, p. 20)

As experiências do "Método"[6] foram a base das reflexões e iniciativas posteriores de Freire, embora não sejam frequentemente mencionadas nas críticas à pedagogia do pensador pernambucano. A discussão sobre o desempenho psicopedagógico da abordagem é ofuscado pelas críticas ao componente político do "Método", que é muito mais sutil e ingênuo[7] que as formulações dos anos seguintes. Para os objetivos da presente discussão, é de interesse especial o caráter situado do "Método", ou seja, a busca por contextualizar os objetivos de aprendizagem no universo daqueles que desejam aprender. A questão é identificar os limites e possibilidades dessa proposta.

6   O documentário "As 40 horas na memória", produzido pela Universidade Federal Rural do Semi-Árido (Ufersa), entrevista participantes do Círculo de Cultura de Angicos de 1963: http://tinyurl.com/inc-40horas
7   O próprio Paulo Freire (2014) define partes da produção dessa época nesses termos.

A relação educador-educando

A afirmação encontrada no segundo capítulo de Pedagogia do Oprimido é radical e parece ser contra a escola[1], o professor e o autodidatismo.

> [...] ninguém educa ninguém, como tampouco ninguém educa a si mesmo: os homens se educam em comunhão, mediatizados pelo mundo (FREIRE, 2017, p. 96).

Entretanto, essa proposição não é a mais complexa daquele texto. Para denunciar os ataques à liberdade e à democracia, oriundos tanto da esquerda quanto da direita, Freire elabora argumentos que diferem consideravelmente em politização e radicalidade de seus escritos anteriores. Trata-se da famosa crítica à "educação bancária", por meio da qual estruturas opressoras de reprodução do *status quo* transfeririam ou depositariam conhecimentos ideologizados em educandos passivos, tendo em vista a invasão de sua cultura, manipulação e dominação. Tais estruturas, aparelhos ideológicos de Estado, poderiam corresponder não

---

1   Sou particularmente interessado na desescolarização e encontro nos textos de Ivan Illich e Everett Reimer propostas objetivas nessa direção. Até o momento não encontrei este tema na agenda de Freire.

apenas à escola como também à família ou qualquer outra instituição que limitasse o direito do povo à liberdade de pensamento e de escolha do próprio destino. Na educação bancária o professor, que é a autoridade e tudo sabe, narra os conteúdos que serão memorizados acriticamente pelos alunos, que nada sabem. Não há participação de quem aprende nas decisões sobre o que será aprendido, pois o objetivo do processo é reproduzir mitos e ideologias que mantenham a condição de opressão dos menos favorecidos.

Pode-se perceber a politização das ideias elaboradas na década anterior, com a migração de *programas de inserção crítica dos analfabetos na realidade do país* pela *conscientização sobre a condição de opressão, e da necessidade de libertação dos mais pobres, por eles mesmos*. Nesse momento, é indiscutível que o aspecto psicopedagógico do "Método" cedeu lugar a análises mais radicais, fortemente influenciadas pela incorporação de referências marxistas às bases teóricas de Paulo Freire. Karl Marx, György Lukács, Erich Fromm, Mao Tsé-Tung e Louis Althusser, dentre outros, substituem os Isebianos e parte dos progressistas católicos, e pouco ou nenhum avanço teórico ou empírico sobre as técnicas ou instrumentos do "Método" aparecem. *Pedagogia do Oprimido* acentua o objetivo terminal de conscientização crítica, abandonando o nacional-desenvolvimentismo[2], e deixando a questão da alfabetização por meio dos mecanismos de combinação fonética em segundo plano (ou assume-os como "resolvidos"). Na prática, Freire pensou a alfabetização como uma das possibilidades a

2 Até porque, neste momento da história brasileira, o desenvolvimentismo era a agenda da ditadura militar instalada pelo mesmo Golpe de 1964 que encerrou a experiência dos Círculos de Leitura e obrigou Freire a se exilar no Chile.

serem desenvolvidas com os grupos de educandos, não mais a única. A *Pedagogia do Oprimido* passou a discutir a condição de opressão e as temáticas relacionadas – trabalho, (sub)desenvolvimento, economia, além do conceito antropológico de cultura trazido das experiências anteriores.

As críticas contemporâneas[3] sobre a tal "doutrinação marxista" da pedagogia freireana provavelmente são fundadas nessa mudança de foco. No entanto, duvido que a maior parte dos críticos efetivamente estudaram a evolução do "Método" ou se debruçaram sobre seus resultados quanto aos dois objetivos de conscientizar e alfabetizar. É aproveitando essa lacuna, das críticas rasas ou não fundamentadas, que pretendo analisar a relação educador-educando.

A partir de Lukács, Freire (2017, p. 54) questiona a exigência de "explicação às massas de sua própria ação", como Marx assumiu ser o papel dos partidos revolucionários. Para o pensador pernambucano, a questão não seria explicar, mas dialogar com as massas sobre suas ações no processo em que se reconhecem criticamente como oprimidos e agem sobre sua realidade com o intuito de se libertar da opressão. É nesse sentido que Freire apresenta outra forma para aquela afirmação radical: "Ninguém liberta ninguém, ninguém se liberta sozinho: os homens se libertam em comunhão" (FREIRE, 2017, p. 71). Esta forma antecede em algumas páginas a afirmação específica sobre a impossibilidade da educação do outro e nos ajuda a compreender o principal alvo da crítica à educação bancária. Paulo Freire (2017, p. 74) define como "propaganda libertadora" as tentativas de

3   Citei exemplos na introdução: o Programa Escola sem Partido, a remoção do título de patrono da educação brasileira, entre outros.

lideranças revolucionárias *depositarem* a crença da liberdade nos oprimidos, tentando conquistá-los.

A proposta de *Pedagogia do Oprimido*, como começa a ficar evidente ao longo do texto, não se refere à educação dos oprimidos *na escola*. Não por acaso, este termo aparece poucas vezes[4]: como cenário das relações educador-educando (FREIRE, 2017, p.78); como parte do mito do acesso universal à educação, propagado pelas elites brasileiras na época (p.188)[5]; como parte das estruturas e condições objetivas de dominação, junto aos lares e universidades (p.208); como mais um espaço de reprodução de relações verticalizadas de opressão que a juventude precisa se adaptar (e não pensar), assim como nos lares (p.209).

A severidade das críticas é direcionada à formação de quadros revolucionários, essencialmente jovens e adultos, capazes de se engajarem em transformações sociais, alertando sobre potenciais "dirigismos" das lideranças. Pouco pode ser aplicado, deste raciocínio, ao contexto escolar, especialmente o infantil. Ao sugerir que as relações entre pais e filhos nos lares refletiriam as "condições objetivo-culturais da totalidade de que participam" (FREIRE, 2017, p. 208), eventuais cerceamentos de liberdades ou a tomada de decisões unilaterais não significam necessariamente a "opressão" ou

4   Ronai Rocha (2017) foi a primeira referência que encontrei e que havia realizado o esforço de contar o total de ocorrências de "escola" em Pedagogia do Oprimido: cinco. A partir da dica, fiz a varredura do texto para analisar as passagens nas quais Paulo Freire faz uso do termo para sustentar o argumento de que o pensador pernambucano não está questionando diretamente a escola.

5   No número anterior do Incendiários (SANT'ANNA, 2017) apresento números assustadores do acesso à escolarização entre os mais pobres naquele período.

"doutrinação" de crianças e adolescentes. Estes, salvo raras exceções, precisariam realizar enorme esforço cognitivo para desenvolver consciência crítica sobre sua condição de dependência dos pais que os criam, ou para questionar os conteúdos didáticos das escolas que frequentam.

Sendo assim, parece razoável enfatizar o escopo de *Pedagogia do Oprimido*, muitas vezes esquecido: a *educação de adultos*. Isso não quer dizer que crianças e adolescentes não manifestem interesses e anseios cada vez mais cedo e que suas reivindicações não tenham valor. A contribuição de *Pedagogia do Oprimido*, pelo contrário, está na reelaboração da dinâmica pedagógica em direção a estratégias situadas, que sejam relevantes para a vida do educando, nos mais diversos estágios e condições de vida.

O processo de definição dos conteúdos do processo educativo aparece no texto a partir de uma citação de Mao Tsé-Tung (FREIRE, 2017, p. 115–116): o papel do educador consistiria na devolução organizada, sistematizada e acrescida dos elementos trazidos pelos educandos de forma desestruturada. Em outros termos, os conteúdos não seriam impostos de acordo com os objetivos do educador, mas no diálogo com os educandos. Tampouco os conhecimentos (universos temáticos ou temáticas significativas) seriam simplesmente entregues (ou depositados), uma vez que deveriam ser problematizados na "realidade mediatizadora" da qual educandos e educadores têm consciência crítica (FREIRE, 2017, p. 121).

Os conteúdos da ação política e do programa educacional seriam organizados a partir das mesmas situações existenciais concretas e objetivas. Se as palavras geradoras dos Círculos de Cultura introduzem situações existenciais que catalisam o aprendizado dos mecanismos da leitura e escrita, os *temas geradores* (FREIRE, 2017, p. 133) são envolvidos e envolvem *situações--limite* que provocam *atos-limite*. Mais uma vez, Freire utiliza conceitos de Álvaro Vieira Pinto para abordar o caráter ativo da educação libertadora. Para este autor (PINTO, 1960, p. 283) as situações-limite não revelariam

> [...] a precariedade do ser humano, exposto constantemente ao fracasso, à impossibilidade, ao sofrimento, à culpa, à morte, por motivo da finitude própria do existir [...] para os povos, são elas realmente o fundamento do apelo à liberdade, porque, para conjurá-las, exigem-se atos livres, que irão constituir no plano da história o que chamaremos de "atos-limite". Não são atos interiores à situação existente, e com ela conformes, pois os desta espécie se fazem graças à cumplicidade com o dado; os verdadeiros "atos-limite" são ações de substituição, fundam-se na negação do dado, no não querê-lo e dirigem--se à criação do inédito inexistente.

Freire entende que os temas geradores se relacionam a situações-limite, implicando tarefas que ao serem cumpridas constituiriam atos-limite. Vieira Pinto (1960, p. 284) interpreta as situações-limite como a fronteira entre o "ser" e o "ser mais", em vez de a fronteira entre o "ser" e o "nada", concepção potente para Paulo Freire definir a finalidade dos temas geradores. Estes devem provocar a ação, gerar novos temas e abrir possibilidades inéditas de compreensão e ação.

O "Método Paulo Freire" descrito em *Pedagogia do Oprimido* é distinto daquele experimentado em Angicos na década anterior, embora proceda no restante do segundo capítulo por estratégias semelhantes às empregadas por seu precursor (FREIRE, 2017, p. 133–166). O processo parte da pesquisa ou *descodificação* das contradições da realidade dos educandos (busca de situações-limite), seguida da *codificação* em núcleos temáticos que representem situações existenciais desafiadoras que incitem a reflexão dos educandos-educadores e educadores-educandos. Nos momentos seguintes são realizados "círculos de investigação temática", nos quais educadores, equipe técnica e representantes do povo problematizam (descodificam) os núcleos temáticos codificados, de forma que aquelas discussões possam servir de base para a elaboração de representações codificadas das situações existenciais que integrarão os programas de temática específica.

Há preocupação recorrente, no detalhamento do método, de se evitar a introdução de *slogans* ou codificações propagandísticas no processo educativo (p.151), como também a seleção de núcleos temáticos demasiadamente enigmáticos ou explícitos. Busca-se codificações simples com múltiplas possibilidades de análise, permitindo a abertura do grupo em direção a outros temas durante o processo de descodificação.

Se o leitor relembrar a citação da afirmação de Paulo Freire na abertura deste capítulo, a radicalidade parece perder espaço para a concepção dialógica e política do processo educativo, de seus conteúdos, dos papeis dos atores envolvidos em comunhão e mesmo de seus objetivos finais. Resta agora discutir limites e possibilidades deste pensamento para o ensino do design de interação nos cursos superiores de Design.

Paulo Freire e o ensino de Design de Interação

Nos livros-texto típicos da área (por exemplo, ROGERS; SHARP; PREECE, 2013), argumenta-se que o Design de Interação teria como principal preocupação projetar produtos interativos que sejam fáceis de usar. Isso significaria criar "experiências" que melhorem e estendam a maneira como as pessoas trabalham, se comunicam e interagem. Para tanto, designers de interação definem e avaliam metas de usabilidade e metas decorrentes da experiência do usuário, sendo primeira relacionada a critérios específicos de usabilidade (eficiência, segurança, utilidade), e a segunda se preocupa com a qualidade da experiência (ser agradável, interessante, divertido e assim por diante). A busca das metas de usabilidade e experiência dependeria, portanto, da seleção de métodos e técnicas de avaliação que permitissem ao projetista identificar as necessidades e expectativas do usuário a cada contexto.

A substituição gradual dos sistemas de controle mecânico por versões eletrônicas dos produtos à nossa volta introduziram novos desafios para os designers dedicados ao projeto de dispositivos prazerosos, satisfatórios e esteticamente agradáveis de usar, tanto na forma quanto em seu comportamento (MOGGRIDGE, 2006). Esses novos desafios incluem o projeto do *software*, correspondente às aplicações que controlam a interação com o usuário, e do *hardware*, a computação física na qual o *software* é embarcado. O projeto de *hardware* e *software* envolve lógica e programação de computadores, princípios de eletrônica, análise de bancos de dados e outros conhecimentos exóticos à formação mais tradicional dos designers.

Nas últimas duas décadas, o ensino de design interação evoluiu de uma área cinza, composta por saberes oriundos essencialmente do design gráfico e da informática, para outra com múltiplas intersecções e sobreposições[1]: engenharia de usabilidade, interação humano-computador, controles interativos, computação ubíqua, ambientes interativos, instalações, sistemas de orientação, design de aplicações, design de interfaces com o usuário, interface cenográfica com o usuário, design em movimento... E a lista certamente continuará crescendo.

Considerando apenas a diversidade de saberes necessários em projetos de design de interação que envolvem *hardware* e *software*, a tarefa de educar futuros projetistas é enorme. No contexto brasileiro há outras barreiras menos evidentes: o idioma, uma vez que a maior parte das referências, aplicações e tecnologias estão disponíveis em inglês; o custo e dificuldade de acesso às tecnologias por professores e alunos, enquanto usuários e desenvolvedores (computadores, placas de prototipagem, aplicações); a estrutura curricular comum aos cursos superiores de design, que não contempla programação de computadores ou eletrônica básica; a defasagem dos professores que lecionam nos cursos de design brasileiros, muitas vezes sem fluência nas intersecções e sobreposições que compõem a área de

---

1 O diagrama elaborado por Dan Saffer confere visualidade à complexidade da área: http://tinyurl.com/inc-dansaffer.

design de interação; e, por fim, a condição brasileira de país com contradições enormes a serem superadas no acesso a oportunidades de educação gratuita e trabalho de qualidade em diversas áreas, incluindo o design em geral e o design de interação em especial. No cenário descrito, resta ao estudante ou profissional assumir o fardo e compensar, por iniciativa própria, todas as carências mencionadas caso decida investir na sua formação em design de interação.

Parece exagero entender a situação desfavorável do estudante ou profissional de design de interação brasileiro como opressora, ou resultado da ação de setores da sociedade interessados em manter a situação de atraso da área no país. Não obstante, as consequências das situações existenciais limitadas não diferem muito dos "analfabetismos" que definem situações-limite como aquelas discutidas pela pedagogia de Paulo Freire. A capacidade de pensar a própria realidade criticamente, mediatizada pela intersecção e sobreposição de tecnologias e conhecimentos que conformam o campo de design de interação, supera a mera oferta de vagas de emprego e a atualização da estrutura curricular de cursos superiores ou técnicos.

É possível justificar tal visão ampliada do problema ao considerarmos a explosão de uso das tecnologias da comunicação e informação (TICS) pelos mais pobres no Brasil[2]. O aumento do acesso à Internet nas periferias de todo o país gerou oportunidades de trabalho, de estudo, mas também de mobilização, protestos

2　Dados da pesquisa de domicílios realizada pelo Cetic.br em 2015 sugerem aumento do acesso à internet pelo celular entre os mais pobres. Ainda assim, a maior parte dos que nunca usaram a rede é composta pelos mais pobres, de menor escolaridade, acima dos 45 anos e residentes nas áreas urbanas. Pesquisa completa: http://tinyurl.com/inc-tic2015

e lutas frente às contradições da sociedade e omissões do poder público (SORJ; GUEDES, 2005, 2008). Apesar dos avanços, a maior parte da entrada do brasileiro médio nas TICS ainda é na condição de usuário, não de autor[3]. Talvez por isso, a conduta dos mais pobres nas redes é a da rebeldia, subvertendo a lógica de uso de produtos e serviços que não foram projetados para eles como estratégia de obter acesso a conhecimentos que até então eram inacessíveis.

Não pretendemos propor narrativas românticas sobre o potencial da autoria entre os mais pobres no Brasil. As experiências de democratização do uso e autoria das TICs pelo mundo são sugestivas: do experimento *Hole in the Wall*, na Índia[4], passando pelo caso dos jovens etíopes que ensinaram a si mesmos como usar *tablets*[5], e chegando à vencedora do Desafio Jovem Cientista 3M de 2017[6], os resultados parecem sugerir que devemos criar oportunidades de acesso aos conhecimentos que potencializem o uso crítico das tecnologias e deixar que os próprios indivíduos decidam como utilizá-las.

Nesse ponto, podemos utilizar contribuições da pedagogia freireana para interpretar três experiências educativas de caráter político no ensino de design de interação que realizamos. Também abordaremos os limites dessas interpretações e análises quanto aos objetivos originais da pedagogia de Paulo Freire.

A primeira experiência consistiu na reformulação da disciplina de Multimídia I, oferecida no curso de Design da Universidade Federal do Espírito Santo, a partir de 2010. Antes da mudança, a disciplina consistia na

3   Ver p.155 do estudo do Cetic.br.
4   http://tinyurl.com/inc-sugatamitra
5   http://tinyurl.com/inc-olpc
6   http://tinyurl.com/inc-jovemcientista

apresentação de conteúdos teóricos e práticos das áreas de usabilidade, interação humano-computador e multimídia. Os estudantes conheciam os padrões de desenvolvimento e avaliação de aplicações e projetavam artefatos interativos de baixa complexidade (HTML básico, animações em Flash) ou simulados (design visual da interface). Nas ofertas anteriores, havia dois cenários possíveis: 1) os professores não dominavam linguagens de programação suficientemente para apresentar aos alunos os conhecimentos necessários para aumentar a complexidade dos projetos; ou 2) os alunos enfrentavam muitas dificuldades para aprender linguagens de programação em função da falta dos fundamentos em lógica ou matemática.

A estratégia adotada e documentada (SANT'ANNA, 2010) consistiu na utilização dos interesses dos estudantes da disciplina como mediadores da apropriação dos conhecimentos avançados de programação, design de interfaces e de interação. No início do semestre o professor organizava a turma em grupos que deveriam escolher um tema. A recomendação era que o tema tivesse manifestações em diversas mídias (filmes, animações, quadrinhos, literatura, trilha sonora) e que, uma vez escolhido, não poderia ser alterado.

Com base naquela escolha, todas as atividades do semestre seriam orientadas por aquele tema, utilizando como estratégia a apropriação de artefatos interativos pré-existentes e modificação para conformá-los no universo do tema do grupo: jogos com código-fonte aberto na plataforma Game Maker[7] tinham seus *sprites*, cenários, música e efeitos sonoros substituídos por elementos do universo do tema escolhido, mantendo a mecânica e programação praticamente inalteradas;

7   www.yoyogames.com

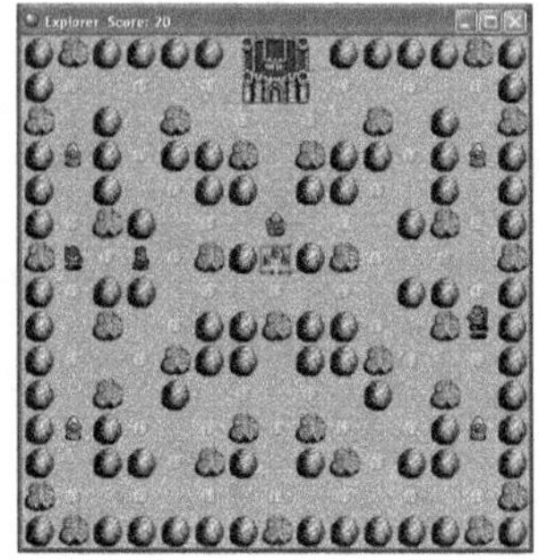

FIGURAS 04 E 05 · Jogo *O garanhão feudal* (2010) explora a temática do feudalismo sobre a mecânica do clássico Pac-Man no Game Maker.

sites construídos em plataformas abertas, dispensando conhecimentos avançados de HTML, tinham seus temas modificados com elementos visuais do tema e conteúdos relacionados compunham as informações das páginas; trailers de apresentação dos jogos eram elaborados a partir da combinação de trechos de outros vídeos (*mashups*).

Embora a proposta remeta aos temas geradores, trata-se da aplicação do conceito de zona de desenvolvimento proximal de Vigotski (2007) em paralelo à discussão dos conceitos de estética relacional, pós-produção e cultura do remix de Borriaud (2009a, b). O primeiro conceito oferece ferramental psicopedagógico para o processo: o estudante faz, mediado pelas tecnologias disponibilizadas pelo professor, aquilo que não faria sozinho (jogo, site, trailer).

O potencial da estratégia pedagógica baseia-se no fato de que aquelas tecnologias eram familiares aos alunos, antes mesmo da disciplina. Eles jogavam, acessavam vídeos no YouTube, criavam blogs e páginas pessoais por conta própria. As atividades ressignificam os limites do que eles faziam, criando usos inéditos para tecnologias dominadas na mediação com os temas.

Os conceitos de Bourriaud têm a função de temas geradores, provocando discussões como aquelas em torno do conceito antropológico de cultura de Paulo Freire: o que é a apropriação na cultura contemporânea, como o espectador participa do processo de consumo dos artefatos culturais, qual é o papel da autoria no contexto de reutilização e autoria compartilhada dos bens culturais. Os debates sobre esses temas despertavam no aluno a possibilidade de se ver como autor, uma vez que artistas reconhecidos empregam estratégias e tecnologias comuns, que ele também pode utilizar. Supera-se o mito do ato criativo como dom para poucos entre os alunos, que passam a buscar na produção cultural contemporânea os mesmos princípios de apropriação e reutilização que eles podem aplicar em seus projetos.

Em relação às limitações desse tipo de abordagem, certos alertas de Paulo Freire são úteis para as dificuldades encontradas na experiência. Em primeiro lugar, muitos estudantes tiveram receio de assumirem os rumos da disciplina, mesmo que tal liberdade estivesse restrita à escolha dos temas geradores dos projetos. Se por um lado, as avaliações somativas tradicionais decididas unilateralmente pelo professor podem ser desinteressantes ou descoladas da realidade dos estudantes, por outro elas oferecem um conjunto de enunciados claros a serem seguidos, metas a serem atingidas e padrões de sucesso conhecidos. Esse tipo de "sensação de segurança" remete à problemática do medo da liberdade, apresentada pelo pensador pernambucano diversas passagens de *Pedagogia do Oprimido*:

O medo da liberdade, de que necessariamente não tem consciência o seu portador, o faz ver o que não existe.

> No fundo, o que teme a liberdade se refugia na segurança vital, como diria Hegel, preferindo-a à liberdade arriscada (FREIRE, 2017, p. 32).

Ou ainda

> O medo da liberdade, de que se fazem objeto os oprimidos, medo da liberdade que tanto pode conduzi-los a pretender ser opressores também, quanto pode mantê-los atados ao status de oprimidos, é outro aspecto que merece igualmente nossa reflexão (FREIRE, 2017, p. 45–46).

Em segundo lugar, o sistema escolar, do jardim de infância ao preparatório para o ingresso no ensino superior, é majoritariamente definido por regras e expectativas de sucesso que antecedem os estudantes e ignoram a multiplicidade de percursos, preferências e carências ao longo do processo[8]. Não é de se surpreender que propostas pedagógicas que invertem a lógica pareçam ameaçadoras ou inapropriadas pelos estudantes. Memorizar a maior parte daquilo que o professor apresenta não requer consciência crítica. Para os professores formados como alunos no mesmo sistema, a segurança do controle dos rumos do processo educativo pode ser igualmente confortante. Narrar conteúdos programáticos com os quais tem mais familiaridade, sem questionar os objetivos ou relevância da ementa para a realidade dos alunos é mais cômodo para o professor que, afinal, tem diversas outras turmas e atribuições.

---

8   Ken Robinson, em sua célebre apresentação no TED 2006, aborda brilhantemente esse sistema educacional que "mata a criatividade": http://tinyurl.com/inc-ken-robinson

Pela nossa experiência na disciplina de Multimídia, o caminho intermediário foi o mais promissor. Coube ao professor, enquanto mediador, despertar a curiosidade dos alunos e demonstrar as possibilidades do campo de conhecimentos que seria estudado, da forma menos testemunhal possível. Dessa forma, pôde desenvolver a sensibilidade para ouvir e perceber as situações nas quais os estudantes poderiam assumir o protagonismo do processo, em função das ações que eles próprios empreenderam e das expectativas de sucesso definiram. Como todos participam do processo, o trabalho extra de preparar o conteúdo das aulas conforme o desenrolar dos interesses é compartilhado por todos e a necessidade de memorização daquilo que foi narrado é reduzida em favor da participação ativa nas discussões.

Precisamos alertar o leitor de que nada mencionado nas experiências impediu a permanência de estudantes apáticos, desinteressados ou resistentes à ideia de trazer seus interesses para os projetos da sala de aula. O tipo de proposta que descrevemos não funcionou com todos os alunos nem em todas as turmas desde a implementação, e não poderia ser diferente. Outros professores que se alternaram na disciplina após 2010 optaram por manter ou não a abordagem, sob diversas justificativas. Freire (2017, p. 47) propõe uma interpretação para essas condições ao sugerir que os oprimidos

> [...] acomodados e adaptados, 'imersos' na própria engrenagem da estrutura dominadora, temem a liberdade, enquanto não se sentem capazes de correr o risco de assumi-la.

A segunda experiência refere-se ao projeto de extensão que oferece, desde 2012, oficinas itinerantes de introdução à programação criativa a professores de escolas municipais utilizando a linguagem Scratch[9] (SANT'ANNA; NEVES, 2012). Os Scratch Days[10] são eventos mundiais que incentivam os primeiros passos em programação a aprendizes de qualquer idade. Nesses eventos, a equipe extensionista dialoga com os participantes em busca dos interesses de aplicação da computação criativa em suas respectivas disciplinas, para em seguida propor atividades que explorem o potencial da linguagem Scratch. Após a apresentação da estrutura da linguagem (primitivas, meios de combinação e abstração) e da interface do ambiente de desenvolvimento, os extensionistas apoiavam os participantes no projeto de aplicações interativas de acordo com seus interesses. Professores de língua portuguesa exploravam os recursos do Scratch para a criação de narrativas animadas e diálogos interativos; professores de ciências e matemática utilizavam o potencial de desenho e animação para criar simulações e demonstrações de princípios aritméticos e geométricos.

A experiência das oficinas itinerantes, no que tange à conquista da autonomia por seus participantes, representa a situação inversa relatada na disciplina de Multimídia. Neste caso, os professores interessados em empregar TICS e computação criativa em suas atividades didáticas mobilizaram-se e solicitaram a realização do projeto de extensão em suas escolas. Organizaram o espaço, viabilizaram nosso transporte, alimentação, mobilizaram os colegas a participarem de ações aos sábados, fora de seus horários de trabalho. Havia consciência dos grupos sobre o potencial daquelas trocas e havia demandas claras de diálogo, em vez de recepção passiva de conteúdos determinados apesar da vontade

9   http://www.scratch.mit.edu
10 http://day.scratch.mit.edu

FIGURA 6 · Turma de professores e famílias no Scratch Day Ufes (2012).

FIGURA 7 · Professores da rede municipal de Barra de São Francisco (ES), no Scratch Day realizado no Instituto Federal da região (2015).

deles. Aqueles não foram cursos de atualização ou capacitação, frequentados para "engordar currículos", mas diálogos e discussões coletivas sobre como cada integrante dos grupos poderia incorporar as possibilidades da computação criativa na melhoria do aprendizado de seus alunos.

Após a conclusão das oficinas, os grupos de professores permaneceram em contato conosco, enviando aquilo que produziram, fazendo sugestões para apresentarmos a outros professores em oportunidades futuras. Ainda eram problemas de matemática, língua portuguesa ou ciências, mas descodificados e codificados sucessivamente no diálogo com as possibilidades da linguagem Scratch. A proposta da educação em comunhão, mediatizada pelo mundo, parece fazer mais sentido quando os envolvidos realmente compreenderam suas situações-limite e se engajam em ações-limite para transformar a realidade. Essa transformação não foi privilégio dos nossos grupos. A linguagem Scratch, e diversas outras elaboradas para facilitar os primeiros passos de pessoas que não sabem programar[11], parecem cumprir seus objetivos em todos os contextos nos quais conseguem formar comunidades de ajuda mútua.

11 Realizamos, há alguns anos, um mapeamento de plataformas de desenvolvimento de software e hardware (SANT'ANNA et al., 2012) para grupos interessados em aprender a programar. A presença e aberta das comunidades de usuários foram identificadas como fatores fundamentais para apoiar os primeiros passos de quem deseja aprender.

Contribuições, limites
e possibilidades

Partindo das experiências relatadas, pode-se entender que as contribuições mais potentes da pedagogia de Paulo Freire para o ensino de design de interação não correspondem a técnicas e métodos de estruturação das dinâmicas didáticas (a *psicopedagogia* do primeiro "Método"). Ainda assim, estratégias como o Círculo de Cultura e Círculo de Investigação Temática são fundadas em ideias extremamente ricas para qualquer proposta que tente envolver os alunos mais diretamente nos rumos do processo educativo. Pode-se pensar as fichas de cultura como analogias para todos os vocábulos geradores a serem trabalhados com os estudantes, codificados na realidade deles, debatidos sob a ótica deles e utilizados como pontes para que eles ganhem consciência crítica de mecanismos mais complexos do design de interação como linguagem. Esses vocábulos devem ser escolhidos cuidadosamente, tanto por sua riqueza combinatória quanto pela relevância para a vida dos estudantes[1].

A passagem da problematização para a ação pode ser da imagem para a palavra e da palavra para a sílaba,

---

1   Métodos de pesquisa em design participativo, como as sondas culturais (GAVER; DUNNE; PACENTI, 1999), se desenrolam de forma muito semelhante.

como pode ser da peça de Lego para o comando da linguagem e do comando da linguagem para a programação dos artefatos interativos. Vale a reflexão situada e a participação ativa de todos durante o processo.

Tampouco o legado de Paulo Freire pode ser resumido à politização da educação, assumindo que todo processo educacional é opressor, que todo professor reproduz a opressão estrutural, e que toda dinâmica didática baseada em testemunho e memorização seriam inapropriadas. O valor afetivo daquilo que será testemunhado muda tudo, ao mesmo tempo em que memorizamos melhor as situações existenciais que foram significativas para nós. O testemunho de todos pode deslocar a preocupação do *lembrar* para o *participar*; do *narrar sozinho* para o *compartilhar com o grupo*. É outro processo e serão outros professores e alunos.

A potência, para nós, reside então na problematização das tecnologias, na discussão crítica de seus impactos na vida dos usuários e dos projetistas que as adotam, na reflexão acerca das forças sociais que ajudam a perpetuar ou a transformar. A visão da sala de aula como uma comunidade capaz de fazer escolhas e pensar sobre elas, respeitando valores e crenças de todos, não nos parece doutrinadora ou alguma espécie de "marxismo cultural". Pelo contrário, ações educativas como as que descrevemos parecem estar alinhadas a princípios fundamentalmente democráticos e libertários, garantidores da pluralidade de visões de mundo, que se colocados em prática tornariam desnecessária a afixação de qualquer tipo de lembrete sobre o que o professor pode ou não fazer com os alunos em sala de aula.

O professor filiado a perspectivas como a de Paulo Freire "sabe o que é" quando entende que seu papel não é conquistar os alunos para dirigi-los, mas participar do processo por meio do qual eles se tornarão protagonistas do próprio aprendizado e agentes da transformação da realidade. Os alunos deveriam poder afixar cartazes sobre o que gostariam de fazer com o professor e vice-versa e, juntos, elaborarem múltiplos projetos que, apesar de coletivos, respeitam e realizam os interesses individuais.

Talvez poucas disciplinas possam ser tão dialógicas quanto o design de interação. Afinal, essa área tem como especialidade o estabelecimento de relações entre as pessoas mediadas por artefatos culturais.

Referências

BEISIEGEL, Celso de Rui. Das quarenta horas de Angicos aos quarenta anos da Pedagogia do oprimido. *Em Aberto*, v. 26, n. 90, 19 fev. 2014. Acesso em: 2 nov. 2017.

BORRIAUD, Nicholas. *Estética relacional.* São Paulo: Martins Fontes, 2009a.

BORRIAUD, Nicholas. *Pós-Produção: Como a Arte reprograma o Mundo Contemporâneo.* São Paulo: Martins Fontes, 2009b.

FÁVERO, Osmar. As fichas de cultura do Sistema de Alfabetização Paulo Freire: um "Ovo de Colombo". *Linhas Críticas*, v. 18, n. 37, p. 465–483, 2012.

FÁVERO, Osmar. Paulo Freire: primeiros tempos. *Em Aberto, Sobre as 40 horas de Angicos, 50 anos depois.* v. 26, n. 90, p. 47–62, dez. 2013.

FREIRE, Paulo. Conscientização e Alfabetização - uma Nova Visão do Processo. *Estudos Universitários*, n. 4, p. 5–24, jun. 1963.

FREIRE, Paulo. *Educação como Prática da Liberdade.* Rio de Janeiro: Editora Paz e Terra, 1967.

FREIRE, Paulo. *Pedagogia da autonomia: saberes necessários à prática docente.* 33. ed. São Paulo: Editora Paz e Terra, 1996. (Coleção Leitura).

FREIRE, Paulo. *Pedagogia do Oprimido.* 63. ed. Rio de Janeiro / São Paulo: Editora Paz e Terra, 2017.

FREIRE, Paulo. Primeiro livro: "revi tudo". *Em Aberto*, v. 26, n. 90, 19 fev. 2014. Acesso em: 2 nov. 2017.

GAVER, Bill; DUNNE, Tony; PACENTI, Elena. Design: cultural probes. *Interactions*, v. 6, n. 1, p. 21–29, 1999.

MOGGRIDGE, Bill. *Designing interactions*. Cambridge: MIT Press, 2006.

PAIVA, Vanilda. Catholic Populism and Education in Brazil. *International Review of Education / Internationale Zeitschrift für Erziehungswissenschaft / Revue Internationale de l'Education*, v. 41, n. 3/4, p. 151–175, 1995.

PINTO, Álvaro Vieira. *Consciência e realidade nacional*. Brasília: Ministerio da Educação e Cultura, Instituto Superior de Estudos Brasileiros, 1960. v. 2.

PINTO, Álvaro Vieira. *Sete lições sobre educação de adultos*. São Paulo: Cortez Editora, 1993.

ROCHA, Ronai. *Quando ninguém educa: questionando Paulo Freire*. São Paulo: Contexto, 2017.

ROGERS, Yvonne; SHARP, Helen; PREECE, Jennifer. *Design de interação: além da interação humano-computador*. 3. ed. Porto Alegre: Bookman, 2013.

SANT'ANNA, Hugo Cristo. A construção de narrativas multimídia na perspectiva da Zona de Desenvolvimento Proximal de Vygotsky e da Pós-Produção de Bourriaud como apoio ao processo de aprendizagem digital. In: 30 *Simpósio Hipertexto e Tecnologias na Educação*, 2010, Recife. Anais... Recife: NEHTE, 2010.

SANT'ANNA, Hugo Cristo et al. Da Arte Generativa ao Pensamento Computacional - Uma análise comparativa das plataformas de aprendizagem. In: *11º ART*, 2012, Brasília. Anais... Brasília: Departamento de Artes Visuais / UnB, 2012.

SANT'ANNA, Hugo Cristo. *Universidade Pública*. Cariacica: Incendiários, 2017.

SANT'ANNA, Hugo Cristo; NEVES, Vinicius Bispo.
Scratch Day UFES: oficina itinerante de introdução
à programação para professores. In: *4º Simpósio
Hipertexto e Tecnologias na Educação*, 2012, Recife.
Anais... Recife: NEHTE, 2012.

SCOCUGLIA, Afonso Celso. Origens e prospectiva do
pensamento político-pedagógico de Paulo Freire.
Educação e Pesquisa, v. 25, n. 2, p. 25–37, dez. 1999.

SORJ, Bernardo; GUEDES, Luís Eduardo. Exclusão
digital: problemas conceituais, evidências empíricas
e políticas públicas. *Novos Estudos - CEBRAP*, n. 72, p.
101–117, jul. 2005.

SORJ, Bernardo; GUEDES, Luís Eduardo. *Internet na f@
vela: quantos, quem, onde, para quê*. [S.l: s.n.], 2008.
Disponível em: <http://www.bernardosorj.com/
pdf/internet_na_favela.pdf>. Acesso em: 5 nov.
2017.

VIGOTSKI, Lev. S. *A formação social da mente*. São Paulo:
Martins Fontes, 2007.

Este livro foi composto em Calluna e
Calluna Sans por Hugo Cristo.

Cariacica, ES - nov/dez de 2017